ELIMINIERT STRESS

ELIMINIERT STRESS

Techniken und Übungen

ELIMINIERT STRESS

Inhalt

Einführung

Kapitel 1: Massage

Kapitel 2: Meditation

Kapitel 3: Aromatherapie - Ätherische Öle

Kapitel 4: Verringerung von Muskelverspannungen

Kapitel 5: Musik

Kapitel 6: Übung

Einführung

Ich bin sicher, dass wir alle irgendwann einmal eine unangenehme Dosis Stress in unserem Leben erlebt haben. Einige von uns erleben es in höherem Maße als andere, und immer mehr Menschen leiden heutzutage unter höherem Stress.

Wir haben den Druck unserer Arbeitsplätze. Es gibt heutzutage fast keine "Arbeitsplatzsicherheit" mehr. Da Scheidungen zu einer akzeptableren Praxis geworden sind, sind die Scheidungsraten gestiegen, was zu mehr Stress geführt hat.

Früher ging der Mann jeden Tag zur Arbeit,

während die Frau zu Hause blieb und sich um Haus und Kinder kümmerte. Diese Zeiten gehören der Vergangenheit an. Die meisten Männer und Frauen müssen arbeiten, um mit den Rechnungen mitzuhalten. Da die neue Technologie des Lebens zunimmt, zwingt sie uns, uns entweder mit der Welt weiterzuentwickeln oder uns aufzulösen.

Wir haben jetzt Handy-Rechnungen, Internet-Rechnungen, iPod-, Klimaanlagen-, Geschirrspüler-Rechnungen, selbst wenn Sie heutzutage keinen Plasma-Fernseher haben, werden Sie fast zurückgelassen!

Stress kann viele unangenehme Gefühle in Ihrem Körper hervorrufen, die dazu führen können, dass Menschen glauben, sie hätten eine ernste Erkrankung.

Es kann auch dazu führen:

- Angst- und Panikstörung
- Depression
- Zwangsneurose
- Fettleibigkeit
- Geschwüre
- Diabetes
- Herzkrankheit
- Drogenmissbrauch
- Schilddrüsenüberfunktion
- Anorexie oder Unterernährung
- Krebs
- Zahn- und Zahnfleischerkrankungen

Hier ist eine Liste von Symptomen, die Stress verursachen können:

Physisch

- Schlaflosigkeit
- Rücken-, Schulter- oder Nackenschmerzen
- Stress oder Migräne
- Unwohlsein oder Sodbrennen, Krämpfe, Sodbrennen, Blähungen, Reizdarmsyndrom
- Verstopfung, Durchfall
- Gewichtszunahme oder -abnahme, Essstörungen
- Haarausfall
- Muskelspannung
- Müdigkeit
- Hoher Blutdruck
- Unregelmäßiger Herzschlag, Herzklopfen

- Asthma oder Kurzatmigkeit
- Schmerzen in der Brust
- Verschwitzte Handflächen oder Hände
- Kalte Hände oder Füße
- Hautprobleme (Nesselsucht, Ekzeme, Psoriasis, Tics, Juckreiz)
- Parodontalerkrankung, Kieferschmerzen
- Reproduktive Probleme
- Unterdrückung des Immunsystems: mehr Erkältungen, Grippe, Infektionen
- Wachstumshemmung

Emotional:

- Nervosität, Ängstlichkeit
- Depression, Stimmungsschwankungen
- "Schmetterlinge"
- Reizbarkeit, Frustration
- Gedächtnisprobleme

- Mangelnde Konzentration
- Probleme, klar zu denken
- Gefühl der Unkontrollierbarkeit
- Drogenmissbrauch
- Phobien
- Übertriebene Reaktionen
- Tränen
- Er hat keinen Sinn für Humor
- Sich überfordert und überfordert fühlen

Es kann auch Ursachen haben:

- Erhöhung der Anzahl der Argumente
- Isolation von sozialen Aktivitäten
- Konflikt mit Arbeitnehmern oder Arbeitgebern
- Häufige Änderungen der Arbeit
- Wut auf der Straße

- Gewalt in der Familie oder am Arbeitsplatz

Deshalb ist es so wichtig zu lernen, wie man Stress abbauen kann. Deshalb zeige ich Ihnen hier in diesem Buch einige natürliche Entspannungstechniken, die Sie zum Abbau Ihres Stressniveaus einsetzen können.

Kapitel 1: Massage

Die Vorteile der Massage:

- Es setzt Endorphine frei, ein natürliches Schmerzmittel, das ein Gefühl des Wohlbefindens vermittelt.
- Hilft beim Blutdruck
- Hilft Ihrer Herzfrequenz
- Verlangsamt Ihren Stoffwechsel
- Verbessert die Atmung
- Verbessert die Blutzirkulation
- Verbessert Spannung und Steifigkeit
- Verbessert Mobilität und Flexibilität
- Reduziert Spasmen und Krämpfe
- Reduziert Angstzustände
- Und natürlich reduziert es den STRESS!

Hier ist eine Massage, die Sie sich selbst geben können

Im Stehen oder Sitzen, zucken Sie mit den Achseln und schieben Sie sie so weit wie möglich zurück.

Halten Sie es nun für 5 Sekunden.

Wiederholen Sie diese Aktion 5 Mal.

Legen Sie nun Ihre Hand oben auf Ihre Schulter und reiben Sie fest am Hals.

Machen Sie dies 3 Mal.

Legen Sie nun Ihre Finger auf den Nacken und reiben Sie in einer kreisenden Bewegung in Richtung Hinterkopf.

Wiederholen Sie dies 5 Mal.

Beseitigen Sie Ihre Kopfschmerzen mit dieser Technik

Reiben Sie mit beiden Händen, in der Mitte beginnend, Ihre Hände aneinander...

Und mit den Fingerspitzen bis zu den Schläfen.

Legen Sie nun eine Hand auf Ihre Stirn. Bewegen Sie Ihre Hand mit den Fingern in waagerechter Position sanft auf den Haaransatz zu.

Wiederholen Sie den Vorgang mit der anderen Hand.

Fahren Sie fort, bis die Spannung verschwunden ist.

Massage mit der Hand

Diese kleine Technik ist eine alte chinesische Art der Massage und Heilung.

Legen Sie Daumen und Zeigefinger mit der anderen Hand zwischen das Gewebe der anderen Hand, wo der Knochen aufeinander trifft, und massieren Sie.

Machen Sie dies eine Minute lang.

Wiederholen Sie dann den Handwechsel.

Fußmassage

Legen Sie eine Hand auf Ihren Fuß und die andere unter die Fußsohle, und streichen Sie dann sanft von den Zehen bis zu den Knöcheln. Schieben Sie Ihre Hände zurück zu den Zehen.

Wiederholen Sie.

Ruhen Sie Ihren Fuß mit einer Hand aus. Drücken Sie jeden Zeh fest zusammen und ziehen Sie jeden einzelnen heraus.

Machen Sie mit einem Daumen auf dem anderen eine feste Drucklinie in der Mitte der Fußsohle und Linien auf jeder Seite. Machen Sie dann mit einem Daumen kreisförmige Quetschungen an Fußgewölbe und Fußballen.

Stützen Sie Ihren Fuß mit einer Hand ab und machen Sie die andere Hand zu einer lockeren Faust. Führen Sie Knöchelbewegungen an der Fußsohle aus, indem Sie die Zehen in kleinen kreisförmigen Bewegungen bewegen.

Halten Sie den Fuß mit einer Hand, schlagen

Sie mit der anderen Hand auf die Sohle und bewegen Sie die Hand vom Fuß weg, wenn sie die Sohle berührt, so dass der Effekt leicht und elastisch ist.

Streicheln Sie nun den Knöchel mit den Fingerspitzen, während Sie sich dem Bein nähern, und sanft, während Sie nach hinten gleiten.

Am Ende streicheln Sie Ihren Fuß, wie Sie es am Anfang getan haben.

Natürlich gibt es nichts Besseres, als sich von jemand anderem massieren zu lassen.

Wenn Sie bereit sind, ein paar Dollar zu investieren, gehen Sie zu einem Profi.

Schauen Sie in Ihre Gelben Seiten. Sie werden sogar feststellen, dass einige sogar zu Ihnen nach Hause kommen werden, um es zu tun!

Kapitel 2: Meditation

Vorteile der Anwendung von Meditation:

- Erhöht die Kohärenz der Gehirnwellen
- Größere Kreativität aufbauen
- Vermindert Reizbarkeit und Launenhaftigkeit
- Verbessert Lernfähigkeit und Gedächtnis
- Steigert das Glück
- Erhöht die emotionale Stabilität
- Verringert die Angst
- Senkt den Bluthochdruck
- Kann den Cholesterinspiegel verbessern
- Erhöhter Luftstrom in die Lungen
- Ein entspannterer Körper
- Geringeres Stressniveau

- Verbessert die Zirkulation
- Verlangsamt den Alterungsprozess

Der Sinn der Anwendung von Meditation zum Stressabbau besteht darin, den Geist vollständig von seinen Sorgen abzulenken.

Hier sind einige Dinge, die zur Vorbereitung auf die Meditation zu tun sind:

- Haben Sie einen leeren Magen
- Achten Sie darauf, dass Sie sich an einem ruhigen Ort befinden, wo es keine Ablenkungen gibt.
- Stellen Sie sicher, dass Sie in einer bequemen Position sitzen

- Ich würde empfehlen, gleich morgens zu meditieren, um für den Rest des Tages entspannt zu sein.
- Optimal ist es auch, jeden Tag mindestens 15 Minuten zu üben.

Hier ist eine schnelle und einfache Meditation, die Sie ausprobieren können

Beginnen Sie damit, bequem zu sitzen und darauf zu achten, dass Sie gerade abbiegen. Schauen Sie nach unten und konzentrieren Sie sich auf nichts.

Lassen Sie Ihre Augenlider auf ein für Sie angenehmes Niveau fallen. Schließen Sie jedoch nicht Ihre Augen.

Schauen Sie weiter nach unten. Ihre Atmung sollte langsamer und tiefer sein.

Nach 5 Minuten fokussieren Sie Ihre Augen wieder normal. Sie sollten sich entspannter fühlen.

Meditation ist keine leicht zu erlernende Sache. Man muss sich ihr widmen und sie religiös praktizieren, damit sie Ihnen zugute kommt.

Wenn Sie meditieren lernen wollen, empfehle ich Ihnen, mit der schnellen und einfachen Probe zu beginnen, die ich Ihnen gerade gegeben habe. Wenn Sie diese Übung erfolgreich durchführen können, dann würde ich Ihnen empfehlen, sich weiter mit Meditation zu befassen.

Kapitel 3: Aromatherapie - Ätherische Öle

Vorteile der Aromatherapie:

- Verbessert die Zirkulation
- Dieses fand ich sehr interessant zu lernen, es kann auch bei Demenz helfen
- Reduziert Angstzustände
- Hilft, das Immunsystem zu stärken
- Lindert Schmerzen und Verspannungen
- Kann Kopfschmerzen lindern
- Es kann Ihnen helfen, gut zu schlafen

Wie man aromatherapeutische Öle verwendet:

- In der Badewanne - einfach ein paar Tropfen hinzufügen
- Einatmen - Sie können einen Tropfen auf Ihre Hand geben und einatmen
- Massage - stellen Sie sicher, dass sie verdünnt ist
- Verdampfung - mit Hilfe eines Brenners wird der Geruch in den ganzen Raum gebracht

Hier ist eine Liste mit einigen entspannenden ätherischen Ölen:

- Bergamotte - beruhigend, aufbauend und gut gegen Spannungen und Depressionen.

- Kamille - beruhigend, gut gegen Schlaflosigkeit
- Jasmin - ein Stimulans oder Beruhigungsmittel, ausgezeichnetes Antidepressivum und Aphrodisiakum
- Wacholder ist gut gegen Müdigkeit und zur Steigerung des Selbstwertgefühls.
- Ylang Ylang - beruhigend; wird als Aphrodisiakum verwendet und ist gut für Panikattacken
- Rosmarin - erfrischend und anregend
- Zitronenmelisse - gleicht Emotionen aus
- Sandelholz - wird als Antidepressivum und Aphrodisiakum verwendet
- Vetiver - balanciert das Nervensystem aus, gut gegen Schlaflosigkeit
- Lavendel, ein sehr nützliches und beliebtes Öl, das zur Entspannung und als Antidepressivum und Analgetikum verwendet wird.
- Basilikum - Aufzug

Eine Liste von ätherischen Ölen, die bei falscher Anwendung schädlich sein können - diese sollten nur von einem qualifizierten Aromatherapeuten verwendet werden.

- Ajowan
- Mandel, bitter
- Arnika
- Birke, süß
- Boldo-Blatt
- Besen, Spanisch
- Calamus
- Kampfer
- Gelbsucht
- Knoblauch
- Meerrettich
- Jaborandi
- Melilotus
- Artemis

- Senf
- Zwiebel
- Pennyroyal
- Rue
- Sassafras
- Thuja
- Wintergrün
- Wurmsaat
- Wermut

Beratung:

- Verdünnen Sie ätherische Öle immer in einer 1%igen oder 2,5%igen Lösung.
- Tragen Sie die ätherischen Öle nicht direkt auf die Haut auf.
- Lesen Sie vor Gebrauch immer die Vorsichtsmaßnahmen auf jeder Flasche

Warnungen

HOHER BLUTDRUCK - Vermeiden Sie Zypresse, Nelken, Muskatnuss, Pinie, Rosmarin und Salbei und Thymian.

NIEDRIGER BLUTDRUCK - Vermeiden Sie süßen Majoran und Ylang Ylang.

EPILEPSY - Vermeiden Sie Fenchel, Ysop, Minze und Salbei.

INSOMNIEN - Vermeiden Sie Minze, Basilikum, Zitronenverbene und Rosmarin.

GASTRONISCHE PROBLEME - Vermeiden

Sie Zimt, Nelken, Knoblauch, Oregano und Petersiliensamen.

CHRONISCHE KINDERKRANKHEIT/Harnprobleme - Wacholderbeeren, Eukalyptus, Petersilienkerne und schwarzen Pfeffer vermeiden.

STÄRKERE PARTEIABFÄLLE - Vermeiden Sie Geranien.

SONNENAUSSTELLUNG - Bevor Sie sich in die Sonne legen oder Sonnenbänke benutzen, vermeiden Sie Bergamotte, Grapefruit, Zitrone, Limette, Mandarine und Orange.

HAUTIRRITANTE - Verwenden Sie maximal 3 Tropfen, wenn Sie die folgenden Öle in einem Bad verwenden: Basilikum, Zitrone, Zitronengras, Muskatnuss, Minze und Thymian.

KARDIATISCHE FIBRILATION - Verwenden Sie keine Minze und keinen Rosmarin.

AMAZON - Einige ätherische Öle können helfen, aber gehen Sie mit Vorsicht vor.

PREGNANZ - Konsultieren Sie Ihren Arzt, bevor Sie ätherische Öle verwenden.

Kapitel 4: Verringerung von Muskelverspannungen

Hier ist eine kleine Übung, mit der Sie die Muskelspannung reduzieren können.

Ziehen Sie zunächst Ihre Schuhe aus und achten Sie darauf, dass Sie keine enge Kleidung tragen. Sie können dies im Liegen auf dem Boden oder im Bett tun. Legen Sie ein Kissen unter Ihren Kopf. Schließen Sie die Augen und konzentrieren Sie sich auf eine langsame Atmung, wobei die Betonung mehr auf dem Ausatmen liegt.

Spannen Sie die Muskeln Ihres rechten Fußes an, halten Sie ihn 5 Sekunden lang fest und entspannen Sie ihn dann. Spannen Sie den Wadenmuskel Ihres rechten Fußes an, halten Sie ihn 5 Sekunden lang fest und entspannen Sie ihn dann. Spannen Sie den Oberschenkelmuskel Ihres rechten Beins an, halten Sie ihn 5 Sekunden lang fest und entspannen Sie ihn dann. Wiederholen Sie die gleiche Sequenz mit dem linken Bein und Fuß.

Spannen Sie die Muskeln des rechten Arms an, ballen Sie die Fäuste 5 Sekunden lang zusammen und entspannen Sie sich dann. Wiederholen Sie dies nun mit dem linken Arm. Spannen Sie jedes Ihrer Gesäßbacken an, halten Sie sie jeweils 5 Sekunden lang fest und entspannen Sie sich dann. Spannen Sie dann Ihre Bauchmuskeln an und entspannen Sie sich.

Heben Sie Ihre Schultern bis zu den Ohren an, halten Sie sie für 5 Sekunden und entspannen Sie sich dann. Wiederholen Sie dies dreimal. Bewegen Sie Ihren Kopf sanft von Seite zu Seite.

Jetzt runzeln Sie die Stirn und runzeln die Nase, halten Sie sie für 5 Sekunden und entspannen Sie sich dann. Heben Sie jetzt die Augenbrauen und entspannen Sie sich.

Konzentrieren Sie sich auf Ihre Atmung. Wackeln Sie mit Fingern und Zehen, beugen Sie die Knie und rollen Sie sanft seitwärts, dann stehen Sie langsam auf.

Fühlen Sie sich jetzt entspannter?

Kapitel 5: Musik

Nun, es besteht kein Zweifel, dass Musik einen tiefgreifenden Einfluss auf Ihre Emotionen haben kann. Und bestimmte Lieder werden bei Ihnen Erinnerungen auslösen.

Wenn Sie jemals bemerkt haben, wie Sie Auto fahren und Radio hören und plötzlich ein Lied von vor 10 Jahren erklingt und Sie sich daran erinnern, dass Sie dieses Lied mit Ihren Freunden aus vollem Hals gesungen haben, und Sie sich plötzlich glücklich fühlen?

Oder vielleicht hören Sie ein Lied, das Sie

gespielt haben, als Sie von jemand Besonderem getrennt waren, und plötzlich sind Sie traurig?

Oder selbst wenn Sie ein Lied zum ersten Mal hören, trifft Sie der Refrain mitten ins Herz und Sie weinen...

Schauen wir uns die Vorteile von Entspannungsmusik an:

- Lindert Ängste
- Hilft, den Stress am Arbeitsplatz abzubauen
- Hilft Ihnen, sich von einer Hirnverletzung zu erholen
- Hilft bei der Verbesserung des emotionalen Wohlbefindens

- Kann helfen, akute oder chronische Schmerzen zu lindern
- Sie verringert die Wahrscheinlichkeit, an Bluthochdruck zu erkranken.
- Hilft Ihnen, ruhig zu bleiben
- Reduziert die Herzfrequenz
- Verlangsamt die Atmung
- Verlangsamt Ihr Denken

Kapitel 6: Übung

Die Vorteile der Ausübung:

- Reduziert das Risiko eines vorzeitigen Todes
- Verringerung des Risikos, an einer Herzkrankheit zu erkranken und/oder zu sterben
- Senkung des Bluthochdrucks oder des Risikos, ihn zu entwickeln
- Senkung eines hohen Cholesterinspiegels oder des Risikos, einen hohen Cholesterinspiegel zu entwickeln
- Verringerung des Risikos, an Dickdarm- und Brustkrebs zu erkranken
- Reduzieren Sie das Risiko, an Diabetes zu erkranken

- Körpergewicht oder Körperfett reduzieren oder beibehalten
- Aufbau und Erhaltung gesunder Muskeln, Knochen und Gelenke
- Abbau von Depressionen und Angstzuständen
- Verbesserung des psychischen Wohlbefindens
- Bessere Leistungen in Arbeit, Freizeit und Sport

Übungen, die Sie bequem von zu Hause aus durchführen können

- Setzen Sie sich.
- Verwenden Sie Ihre Schritte, wenn Sie sie haben, es dauert nur einen Schritt. Dadurch wird die Beinmuskulatur beansprucht und der Adrenalinspiegel ein wenig erhöht.

- Heben Sie die Gewichte des Babys, während Sie fernsehen
- Magenrückzug (wenn Sie nicht sicher sind, was das ist, erkläre ich es Ihnen: Setzen Sie sich aufrecht auf einen Stuhl, mit dem Rücken gegen die Stuhllehne gedrückt, atmen Sie aus und saugen Sie gleichzeitig Ihren Bauch ein, halten Sie ihn für 2 oder 3 Sekunden fest und lassen Sie dann Ihren Bauch los, während Sie ausatmen)
- Kniebeugen
- Machen Sie die Aerobic-Übung (in der Regel gibt es morgens ein Aerobic-Programm) oder natürlich können Sie jederzeit ein Aerobic-Video kaufen.

Natürlich gibt es nichts Besseres, als aus dem Haus zu gehen und einen Spaziergang im Park oder im Botanischen Garten zu machen, um die Welt um uns herum zu genießen und kennen zu lernen.

Ein täglicher Spaziergang von 15 Minuten wird für Sie Wunder bewirken. Und natürlich hat das Sonnenlicht auch für Sie seine Vorteile. Es wurde berichtet, dass Wissenschaftler glauben, dass Sonnenlicht helfen kann, diese Krebsarten zu verhindern:

- Brustkrebs
- Dickdarmkrebs
- Eierstockkrebs
- Blasenkrebs
- Gebärmutterkrebs
- Magenkrebs
- Prostata-Krebs

Entspannen Sie sich und entspannen Sie sich!

Besuchen Sie unsere Website! Holen Sie sich weitere Bücher von MENTES LIBRES!

https://www.amazon.de/MENTES-LIBRES/e/B08274DDV4?ref_=dbs_p_ebk_r0 0_abau_000000

Wenn Sie möchten, können Sie Ihren Kommentar zu diesem Buch hinterlassen, indem Sie auf den folgenden Link klicken, damit wir uns weiter entwickeln können! Vielen Dank für Ihren Kauf!

https://www.amazon.de/dp/B088QV7LDF